DIE REIHE
Archivbilder

WUPPERTAL-
BARMEN

DIE REIHE
Archivbilder

WUPPERTAL-
BARMEN

Michael Magner

SUTTON
VERLAG

Sutton Verlag GmbH
Hochheimer Straße 59
99094 Erfurt
www.suttonverlag.de

ISBN 978-3-89702-318-5

Druck: Books on Demand GmbH, Norderstedt, Deutschland

Inhaltsverzeichnis

Danksagung

Die Bilder auf den folgenden Seiten sind dem Archiv von Herrn Gerd Magner entnommen, dem Vater des Verfassers: 9-27, 28. u., 29 u., 32-40, 41 u., 42-46, 48, 49 o., 50, 51 u., 52 o., 53-57, 58 u., 59, 61 o., 62 o., 63 o., 64-67, 68 u., 69-74, 78, 79 o., 80, 84 u., 85, 86 u., 87 u., 88-94, 95 o., 96-100, 101 o., 103-105, 106 o., 108 o., 110 u., 112, 114 u., 115-118, 120 f., 122 o., 123-127

Einige Abbildungen stammen auch aus der Sammlung des Verfassers: 30, 41 o., 47, 49 u., 51 o., 52 u., 58 o., 62 u., 79 u., 86 o., 87 o., 95 u., 102 o.

Weiterer Dank für die Bereitstellung von Bildmaterial gilt:

Frau Edith Alter, Wuppertal: 28 o., 29 o., 68 o., 83, 84 o., 101 u., 102 u., 106 u., 107, 108 u., 109, 110 o., 111, 113, 114 o., 119, 112 u.

Bayer AG/Bayer-Archiv, Leverkusen: 75 f.

Herrn Bodo Flunkert, Wuppertal: 60, 61 u., 63 u., 81 f.

Vorwerk & Sohn GmbH & Co., Wuppertal: 77

Die Rivalin

Barmen liegt im Tal der Wupper, an der Grenze zwischen dem Rheinland und Westfalen. Als selbständige Stadt war Barmen nur eine kurze Dauer beschieden: Durch ein Dekret unter französischer Herrschaft wurden 1807/08 Siedlungen mit mehr als 10.000 Einwohnern als Stadt bezeichnet und ihnen eine entsprechende Verwaltung zuerkannt. Bis zu diesem Zeitpunkt gehörte Barmen zum Amt Beyenburg im Herzogtum Berg.

Im Gegensatz zu Elberfeld entstand Barmen nicht aus einem einzigen historischen Stadtzentrum heraus, sondern besitzt mehrere Zentren, von denen Gemarke (Barmen), Wupperfeld, Wichlinghausen und Rittershausen (Oberbarmen) die wichtigsten sind. Aufschwung und ersten Reichtum verdankte Barmen (wie auch Elberfeld) einem Privileg zur Bleicherei, der sogenannten Garnnahrung, das 1527 verliehen wurde und unter französischer Herrschaft erlosch. Danach wurde zwar die Bleicherei an den Wupperufern weiter betrieben, allerdings erhielten die sogenannten Barmer Artikel, Litzen und Spitzen, eine größere wirtschaftliche Bedeutung. Während Elberfeld der bedeutendere Handelsplatz für Textilien war, war Barmen der wichtigere Produktionsort.

Industrialisierung und prosperierende Wirtschaft trugen zu einem Bevölkerungsanstieg bei. In der Zeit von 1810 bis 1910 verzehnfachte sich fast die Einwohnerzahl von 19.000 auf 170.000 Menschen. Ein wichtiger Zeitzeuge der Industrialisierung war Friedrich Engels, der, selber einer Barmer Fabrikantenfamilie entstammend, die sozialen Mißstände erkannte, die Bevölkerungsanstieg und Industrialisierung mit sich brachten. Engels war es auch, der in seinen Briefen aus dem Wuppertal Barmen wegen seiner pietistischen Gruppierungen als das „Zion der Obskuranten" bezeichnete.

Die bedeutendste Firmengründung in Barmen ereignete sich im Jahre 1863, als Friedrich Bayer und Friedrich Weskott in Rittershausen die Fabrik „Friedrich Bayer & Comp." eröffneten. Auch wenn die Bayer AG heute weitgehend als Pharma-Konzern bekannt ist, so lagen ihre Anfänge doch im Bereich der Zulieferindustrie der Textilbranche. Denn das Produkt, mit dem Bayer groß wurde, waren synthetische Farben.

In der Zeit nach dem Deutsch-Französischen Krieg von 1870/71 entfaltete sich eine rege Bautätigkeit. Auch wenn Barmen schon 1847 an das Netz der Bergisch-Märkischen Eisenbahn angeschlossen wurde, entstammen andere Realisationen erst der Folgezeit: Zunächst sei die Pferdestraßenbahn genannt, die seit 1873 Barmen mit Elberfeld verband, dann die Rheinische Eisenbahnlinie (1879) und schließlich die elektrische Straßenbahn (ab 1894), die Barmer Bergbahn (1894) und die weltberühmte Schwebebahn (1896 konzessioniert und 1903 fertiggestellt), alles Pionierleistungen des ausgehenden 19. Jahrhunderts.

Auch in anderen Bereichen der Infrastruktur war Barmen sehr fortschrittlich. Schon 1845 wurde ein Gaswerk gegründet, das später direkt an eine Ferngasleitung, die von Duisburg kam, angeschlossen wurde. Ferner muß auch das Kraftwerk genannt werden, das ab 1894 für Straßenbahn, Bergbahn, Firmen und private Haushalte Strom produzierte. Bemerkenswert ist, daß die überschüssige Wärme des Kraftwerks über Fernwärmerohre zu Heizzwecken weitergeleitet wurde.

Ein weiteres wichtiges Datum ist das Jahr 1864, in dem, als einer der ersten seiner Art, der Barmer Verschönerungsverein gegründet wurde. Ziel des Vereins war es, möglichst in Stadtnähe eine Grünanlage zur Erholung der Barmer Bürger zu schaffen. In den Folgejahren wurden große Flächen angekauft, auf denen unter anderem eine Meierei mit Sportplatz, die Stadthalle und ein Aussichtsturm errichtet wurden.

Südlich und am Rand der Barmer Anlagen entstand ein imposantes Villenviertel, dem man den Wohlstand der Stadt um 1900 ablesen kann. Auch anderenorts im Tal wurde viel gebaut. Um der Bevölkerungsentwicklung gerecht zu werden, wurden Brach- und Ackerflächen bebaut und alte, niedrige Fachwerkhäuser abgerissen, die durch zumeist viereinhalbgeschossige Neubauten ersetzt wurden. Vor allem am Rott entstand ein beachtenswertes städtebauliches Ensemble der Jahrhundertwende, in dem zumeist Arbeiter und Angestellte wohnten.

Am 29. Juli 1929 wurde im Rahmen der kommunalen Neugliederung Preußens die Zwangsvereinigung der Städte Elberfeld und Barmen beschlossen, die im Tal der Wupper mehr Gegner als Befürworter fand. Dieses Ereignis verlor aber bald an Bedeutung, weil im Oktober ein größeres und unheilvolleres Desaster einbrach: Weltwirtschaftskrise und Massenarbeitslosigkeit. Aber auch dieses Ereignis sollte nur ein vergleichsweise harmloses Vorspiel sein zu einer noch größeren Katastrophe, der nationalsozialistischen Machtergreifung und dem Zweiten Weltkrieg. Bei den schweren Luftangriffen von 1943 wurden zwei Drittel der Wuppertaler Häuser beschädigt, davon wiederum mehr als ein Drittel total zerstört.

Der vorliegende Bildband begleitet die Entwicklung Barmens von 1870 bis 1950. Er lädt zu einer Entdeckungsreise ein, ein Stadtbild wiederzuentdecken, das schwer unter Bomben und Stadtplanern gelitten hat. Er lädt auch dazu ein, in dem, was die Unbillen der Zeit überstanden hat, die Spuren der Geschichte zu entdecken, die von Wohlstand und Aufstieg zeugen. Der Band ist den Menschen gewidmet, die durch ihre Arbeit zu diesem Erfolg beigetragen haben, aber auch den Fotografen, die durch ihre Arbeit die Geschichte im Bild festgehalten haben.

1

Barmen um 1900

Im 19. Jahrhundert entwickelte sich Barmen zu einer pulsierenden und wohlhabenden Großstadt. Gleichzeitig siedelten sich einige Fotografen in der Stadt an, die den Aufstieg und die Entwicklung im Bild festhielten. Zunächst wurden diese Aufnahmen in kostbaren Prachtbänden verkauft, später als Ansichtskarten für kleines Geld auf den Markt gebracht.

Diese Aufnahme zeigt Wupperfeld mit der Immanuelskirche, rechts, und Rittershausen (Oberbarmen) mit der St.-Johann-Baptistkirche, links. Foto: Louis Stüting.

Im Wettstreit zwischen Fabrikschloten und Kirchtürmen längs der Talachse dominieren hier im Bild dicht an dicht, von rechts nach links, Christuskirche, St.-Antonius-Kirche und Friedenskirche. Foto: Louis Stüting.

Vom Bahnhof Heubruch aus wurde dieser Blick in Richtung Süden auf die Friedenskirche aufgenommen. Rechts am Horizont zeichnet sich der Toelleturm ab. Foto: Louis Stüting.

Im Gegensatz zu heute war der Alte Markt auch vor seiner Umgestaltung um 1900 eine Augenweide. Die Aufnahme entstand jenseits der Wupper an der Ecke Neuer Weg, Fischertal und Clefer Straße. Foto: Louis Stüting.

Wegen mangelnder Nachfrage mußte die Schirmfabrik von Fritz Körner, Alter Markt 17, sicher nicht „Total-Ausverkauf" plakatieren. Vielmehr mußten die alten bergischen Häuschen größeren, repräsentativeren und zweckmäßigeren Neubauten weichen. Foto: Louis Stüting.

Kleine und große Katastrophen zogen schon immer Neugierige an. So versammelten sich hier ein paar Schaulustige auf der Haspeler Brücke, um dem Hochwasser von 1890 zuzusehen.

Ebenfalls aus der Zeit um 1890 ein Foto von der Haspeler Brücke. Zu sehen ist der normale Wasserstand der Wupper. Foto: Louis Stüting.

Das evangelische Vereinshaus an der Bahnhofstraße war eine der ersten Adressen für Übernachtungen in Barmen. Rechts ist das Gymnasium mit Realschule zu sehen. Foto: Louis Stüting.

Das städtische Gaswerk an der Gasstraße am Loh entstand schon 1845. Bis zum Zeitpunkt der Fertigstellung der Ferngasleitung durch die RWE, die das Gas von der August-Thyssen-Hütte in Hamborn über 52 km nach Barmen führte, wurde das Gas vor Ort gewonnen. Foto: Louis Stüting.

Die Wupper an der Clefer Straße in westlicher Richtung. Beachtlich ist, daß die schmalen Wiesen vor dem Bau der Schwebebahn noch im Innenstadtbereich zum Bleichen genutzt wurden. Foto: Louis Stüting.

Die Clefer Straße, diesmal in östlicher Richtung. Foto: Louis Stüting.

Max Biegel nahm diese Straßenszene vom Alten Markt auf.

Der Alte Markt ist bis heute ein Verkehrsknotenpunkt. Um 1900 luden schöne Läden zum Einkaufen ein.

Die Ecke Berliner Straße/Lutherische Kirchstraße, in der Oskar Frowein ein „Spezial-Geschäft für Elektrotechnik" betrieb. Foto: Max Biegel.

Die Werther Straße, in der Clemens Artmeier sein „größtes Spezialgeschäft für Herren-, Jünglings- und Knabenkleidung" unterhielt. Foto: Max Biegel.

Der Wupperfelder Markt um 1880. Foto: Louis Stüting.

Zwischen Idyll und Baufälligkeit bewegten sich diese Bergischen Fachwerkhäuser, die Max Biegel für die Nachwelt festhielt.

Das Atelier von Louis Stüting in der Bahnhofstraße 6. Seine Karriere zum Hoffotografen hatte Stüting in Elberfeld begonnen. Zu einigem Wohlstand durch sein künstlerisches Handwerk gelangt, kaufte Stüting 1881 das abgebildete Gebäude. Hier richtete er sein Atelier und seine Wohnung ein. Foto: Louis Stüting.

2

Barmen im Kaiserreich: Feste und Weltkrieg

Der wirtschaftliche Aufschwung Barmens im 19. Jahrhundert spiegelte sich in einer Zahl ehrgeiziger Bauvorhaben wider. Vor allem Schwebebahn, Ruhmeshalle, Concordia und Stadthalle seien in diesem Zusammenhang genannt. Die Einweihung der Ruhmeshalle wurde als Fest begangen, zu dem am 24. Oktober 1900 sogar Kaiser Wilhelm II. mit seiner Gattin Auguste Viktoria ins Tal kam. Weitere festliche Höhepunkte waren das Jubiläum von 100 Jahren Stadtrecht im Jahre 1908 und 100 Jahre Völkerschlacht bei Leipzig 1913. Auf die Feste folgte der Erste Weltkrieg, der im Siegesrausch begann und in einer großen Niederlage endete.

Anläßlich der Einweihung der Concordia am 24. Oktober 1900 veröffentlichte der Hoffotograf Louis Stüting einen Prachtband mit großformatigen Aufnahmen.

Barmer  Zeitung.

ortlich für den politischen u. allgemeinen Theil: Dr. Hellmuth Mielke, für den provinziellen Theil: H. Barten, beide in Barmen.   Bezugspreis: In Barmen u. Elberfeld 3,50 M., in der Expedition entnommen 3,25 M., durch die Post bezogen 4 M. vierteljährlich.
Druck und Verlag: Fr. Staats in Barmen. Redaction und Expedition: Allernarkt 21. Telephon Nr. 145.   Anzeigen 20 Pfg. die gespaltene Zeile oder deren Raum, Reclamen 50 Pfg. die Zeile.

| 250. | Mittwoch, 24. October 1900. | 67. Jahr |

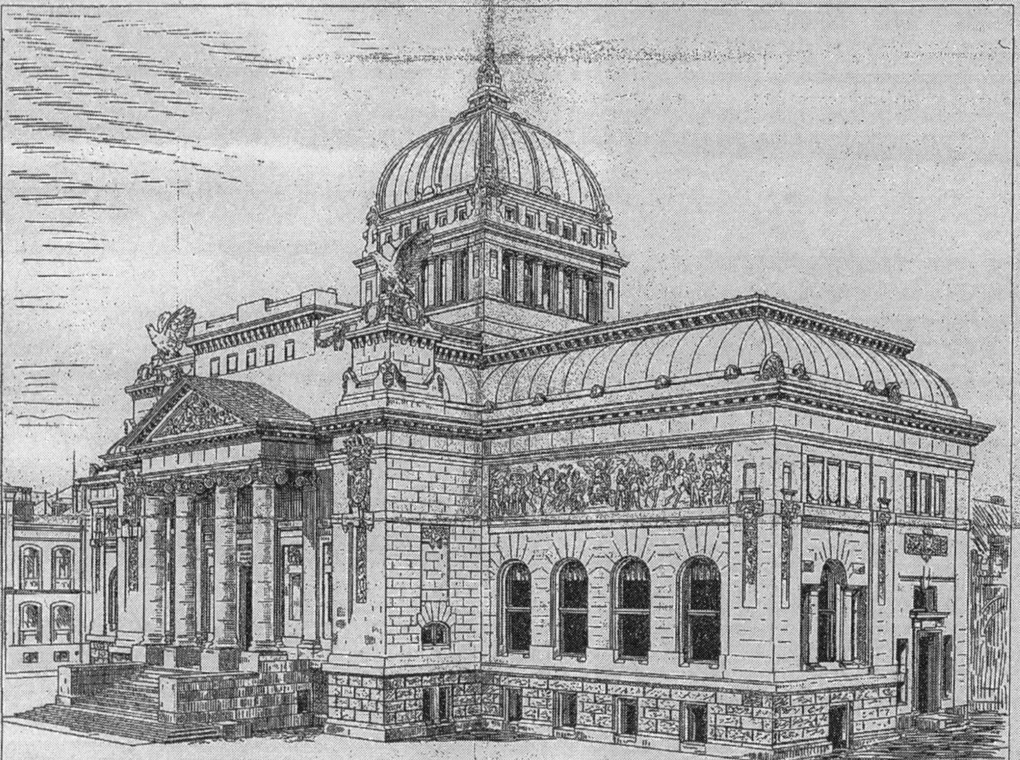

Die vierseitige „Barmer Zeitung" berichtete ausführlich über den Besuch des Kaisers im Wuppertal. Die Zeichnung der Ruhmeshalle entstand nach einer Fotografie von Louis Srüring

Die Ankunft des Kaiserpaares auf dem Carlsplatz. Foto: Louis Stüting.

Kaiserin Auguste Viktoria wird von drei kleinen Mädchen begrüßt.

Kaiser Wilhelm II. verläßt die Ruhmeshalle, die vom Architekten Erdmann Hartig erbaut wurde und als Kunsthalle und Bibliothek diente. Foto: Wilhelm Fülle.

Kaiser Wilhelm II. begrüßt die Barmer Honoratioren. Foto: Wilhelm Fülle.

Kaiser Wilhelm II. nimmt die Parade der Ehren-Compagnie ab. Foto: Louis Stüting.

„Auf Wiedersehen in Barmen!" – so war die Haspeler Brücke dekoriert, durch die das Kaiser-liche Paar mit seiner Kutsche fahren sollte, bevor es das Elberfelder Rathaus einweihte und eine erste Fahrt mit der Schwebebahn unternahm. Foto: Louis Stüting.

Zum Jubiläum 100 Jahre Stadt Barmen am 23. Mai 1908 sah das Kronprinzenpaar dem Festzug in einem Pavillon vor dem alten Barmer Rathaus zu. Übrigens waren die königlichen Herrschaften mit dem Zug angereist.

Das Kronprinzenpaar in Barmen
Die Herrschaften verlassen die Ruhmeshalle

F.M.K.

Vor dem Festzug besichtigte Kronprinz Wilhelm die Ruhmeshalle, die durch seinen Vater eingeweiht worden war.

Fanfarenbläser des historischen Umzugs kündigen die allegorischen Wagen an, die die junge Stadt Barmen darstellen.

Für den historischen Umzug hatte man karnevaleske Wagen entworfen, die bildhaft die Geschichte darstellten. Hunderte Barmer Bürger nahmen in historischen Kostümen am Festzug teil.

Das Zentrum der Barmer Feierlichkeiten zur Erinnerung an die Leipziger Völkerschlacht am 18. Oktober 1813 lag an der Ruhmeshalle.

Alle patriotischen und militärischen Vereinigungen Barmens nahmen am Festzug des 19. Oktober 1913 teil. Das Bild zeigt vorne rechts den „General-Appell ehemaliger Angehöriger der Königin Auguste Garde".

Die Ehrengäste des Militärs promenieren an den Barmer Honoratioren vorüber, die sich in der Bahnhofstraße vor der Musikalienhandlung Hugo Klein versammelt hatten.

Die Militärs unter sich: Im Tête-à-tête rechts der Rittmeister der Landwehr von Baum.

Mit Musik zog die Reichswehr im Elsaß ein. Einer von ihnen war der Barmer Bürger Johannes Kamp.

Reservisten der Barmer Landwehr mit ihren Angehörigen auf einem Ausflug im Jahre 1915. Foto: Max Biegel.

Ein typisches Foto aus dem Ersten Weltkrieg, wie es tausendfach als Feldpostkarte verschickt wurde. Johannes Kamp im August 1917 in Straßburg.

Als Verwundeter kam Max Magner, hintere Reihe, dritter von links, ein Großonkel des Verfassers, zur Behandlung ins Klinikum Barmen. 1918 fiel er bei Arras.

Zu gemeinnützigen Zwecken wurde diese „Wohlfahrts-Postkarte der Frauenhülfe" verkauft, die Verwundete am Johanniter-Lazarett im Auguste-Victoria-Heim in Barmen zeigt.

Der Sängerchor verwundeter Soldaten in Barmen vor dem Lazarett. Die Leitung des Chores hatte Musikdirektor Kahl. Foto: Wilhelm Fülle.

3

Bahnen und Bahnhöfe

Kaum eine andere Stadt Deutschlands konnte es mit der Mannigfaltigkeit der Verkehrsmittel Barmens aufnehmen. Am Anfang stand die Bergisch-Märkische Eisenbahn 1847, es folgten die Pferdestraßenbahn vom Elberfelder Westende zur Oberbarmer Schwarzbach-Station 1872/73, die Rheinische Eisenbahn 1879, die Barmer Bergbahn und die Elektrifizierung der Straßenbahn 1894 sowie schließlich die Schwebebahn, die 1903 für die Barmer Strecke dem Verkehr übergeben wurde. Das große Sterben der Bahnen begann 1959 mit der Stillegung der Bergbahn und setzte sich mit der Abschaffung der Straßenbahnen bis zur Wegrationalisierung der Rheinischen Eisenbahnstrecke fort.

Eine der ältesten Fotografien von Barmen stammt aus dem Buch „Elberfeld und Barmen" von 1863. Wer der Fotograf war (vielleicht Liesegang, der Lehrmeister Stütings?), läßt sich nicht sagen. Die Aufnahme zeigt die Bahngleise der Bergisch-Märkischen Eisenbahnstrecke auf der Höhe von Wupperfeld.

Der Güterbahnhof der Bergisch-Märkischen Strecke in Mittelbarmen um 1875. Foto: Louis Stüting.

Dieses Bild zeigt den Bahnhof Rittershausen (Oberbarmen) mit Eisenbahnbrücke um 1875. Foto: Louis Stüting.

Allzuviel Betrieb herrschte nicht, als Louis Stüting den Vorplatz des Barmer Hauptbahnhofs aufnahm. Die Aufnahme entstammt einem Prachtband, den Stüting auf der Internationalen Photographischen Ausstellung in Wien 1875 vorstellte.

Im Bild sind rechts der Barmer Hauptbahnhof und links daneben das Kaiserliche Postamt zu sehen. Foto: Louis Stüting.

Die Bahngleise der Bergisch-Märkischen Strecke auf der Höhe des Unterbarmer Bahnhofs im Jahre 1935. Foto: Carl Bellingrodt.

Die winterliche Stimmung am Barmer Bahnhof hielt Carl Bellingrodt am 28. Januar 1935 im Bild fest.

Der Zug wartet auf die Einfahrt in den Bahnhof Oberbarmen. Foto: Carl Bellingrodt.

Zu Weihnachten baute Carl Bellingrodt seine herrliche Märklin-Eisenbahn unter dem Weihnachtsbaum auf. Hauptberuflich war der Eisenbahnfotograf übrigens Steuerinspektor beim Finanzamt.

Seit 1872 verband die Pferdestraßenbahn die Städte Elberfeld und Barmen. Das Foto zeigt die Endhaltestelle an der Schwarzbach um 1894. Foto: Louis Stüting.

Während die Straßenbahn elektrisiert wurde, versah 1894 die Pferdestraßenbahn, wie hier am Neuen Weg, zwischen dem Elberfelder Westende und der Oberbarmer Schwarzbach noch immer ihren Dienst. Foto: Louis Stüting.

Auf dieser Ansichtskarte von Fülle & Kamp ist die Straßenbahn vor der Manufakturwaren-
handlung der Gebrüder Alsberg am Alten Markt 8 zu sehen.

Die nunmehr elektrifizierte Talbahn zog den pittoresken offenen Sommerwagen zwischen den
Haltestellen Ruhmeshalle und Breitestraße mit sich. Der Strom wurde an der Talstation der
Bergbahn erzeugt.

Die elektrischen Straßenbahnlinien nach Wichlinghausen (1895) und Heckinghausen (1894) dienten der Firma Siemens & Halske als Referenzprojekte, weil sie große Höhenunterschiede zu überwinden hatten.

Die Barmer Bergbahn war eine Zahnradbahn und wurde ebenfalls von der Firma Siemens & Halske konstruiert. Die Aufnahme zeigt die Bahn nach Verlassen der Talstation auf der Luisenstraße. Foto: Louis Stüting.

Die Bergbahn beim Durchqueren der Barmer Anlagen, die vom Barmer Verschönerungsverein angelegt wurden, der 1864 gegründet worden ist. Foto: Louis Stüting.

Nur der Fotograf Louis Stüting vermochte die Bergbahn anzuhalten. Zum Portrait schauen Fahrgäste, Schaffner und Zugführer neugierig aus dem offenen Sommerwagen.

An der Bergstation der Zahnradbahn am Toelleturm konnte in die Schmalspur-Eisenbahn nach Ronsdorf und später in die Straßenbahn nach Remscheid umgestiegen werden. Foto: Louis Stüting.

Später wurden die Bahnsteige des Bahnhofs Toelleturm überdacht, damit die Fahrgäste im Trockenen warten und umsteigen konnte.

Die Bergbahn war ein beliebtes Ansichtskartenmotiv, wie diese Grußkarte aus dem Jahre 1899 zeigt.

1926 bestellte die Barmer Bergbahn AG bei Zypen & Charlier sechs dieser massiven Straßenbahnwagen, die als „Panzerkreuzer" oder „Wüstenschiffe" bezeichnet wurden und von Cronenberg nach Solingen und Remscheid fuhren.

Die Ansichtskarte des Verlages von Max Biegel jun. zeigt die Schwebebahn vor der Talstation der Bergbahn im Jahre 1952.

Schwebebahn und Straßenbahn treffen sich am Alten Markt. Die Ansichtskarte stammt aus dem Verlag Fr. Mewis aus den dreißiger Jahren.

Der Schwebebahnhof Rathausbrücke (Alter Markt) war ein architektonisches Kleinod, das 1943 zerstört wurde.

Die Schwebebahnhaltestelle Rathausbrücke (Alter Markt) von Osten aus gesehen.

Das Schwebebahndepot hinter der Haltestelle Rittershausen (Oberbarmen) nahm 1903 die ersten Züge auf. Das Foto zeigt die Endstation zur Zeit ihrer Entstehung um 1901.

BARMEN, SCHWEBEBAHNHOF BARMEN - RITTERSHAUSEN.

Die Endstation Rittershausen (Oberbarmen) ist dem östlichen Schwebebahndepot einige Meter vorgelagert. Ansichtskarte aus dem Jahre 1905 von Zeller & Vogel (Darmstadt) und Gerhard Thien (Elberfeld).

Die unvollendete Schwebebahnhaltestelle Schillerstraße (heute Wupperfeld) von der Heckinghauser Straße aus in Richtung Berliner Straße gesehen. Foto: Max Biegel.

Neben Verkehrsmitteln auf Schienen gab es auch noch die Linienbusse. Dieser Bus von Hen-
schel fuhr zum Barmer Hauptbahnhof.

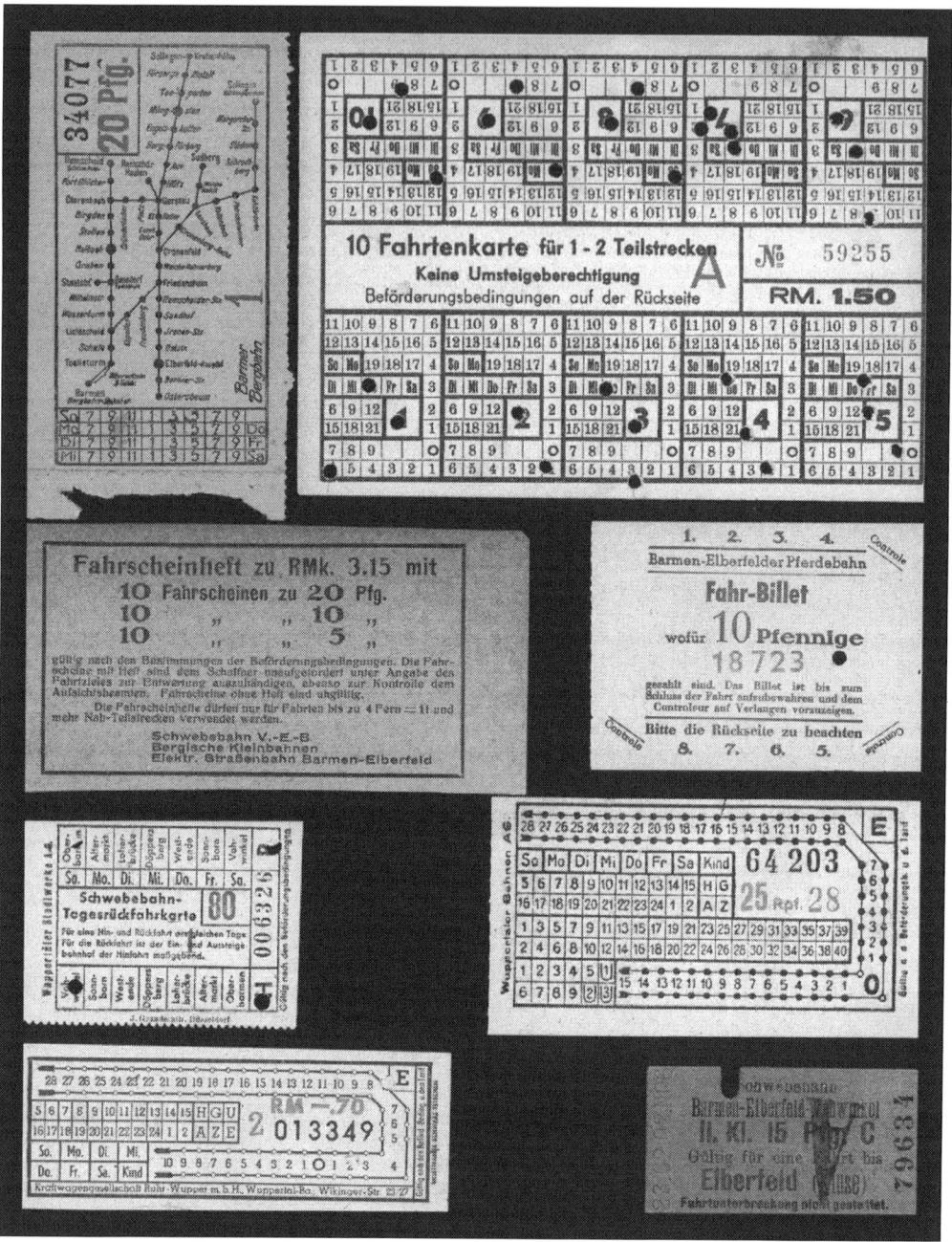

Die Collage zeigt Fahrkarten Wuppertaler Verkehrsbetriebe. Einige Fahrscheine ähnelten einem unverständlichen Zahlen- und Zeichenlabyrinth, auf dem dennoch der Schaffner mit schlafwandlerischer Sicherheit seine Löcher einstanzen konnte.

4

Von Westen nach Osten:
Ein Rundgang

Wie präsentierte sich Barmen dem Besucher, der von Elberfeld her kommend in Richtung Schwelm fuhr? – Dieses Kapitel versucht ein Stadtbild zu rekonstruieren, das sich an einigen Stellen noch erhalten hat, an anderen wiederum durch Krieg und städtebauliche Maßnahmen in der Nachkriegszeit wesentlich verändert wurde.

Mit einem Gruß aus Unterbarmen von 1899, einer sogenannten Mondschein-Litho, soll der Besucher dieses Kapitels begrüßt sein.

In Unterbarmen an der Haspeler Schulstraße befand sich dieses Fachwerkhaus der Familie Hellken.

Für diese Aufnahme der kinderreichen Familie Hellken standen alle still – nur das Pferd nicht. Außer Kohlen bot Otto Hellken übrigens auch Umzüge an.

Die Alleestraße (heute Friedrich-Engels-Allee) präsentiert sich weitgehend bis in die Gegenwart mit ihren prächtigen Häusern.

Als Hauptverbindung zwischen Elberfeld und Barmen war die Alleestraße (heute Friedrich-Engels-Allee) eine belebte Verkehrsader der Stadt.

Auch der Fotograf Max Biegel sen. wurde von den stattlichen Gebäuden und der regen Betrieb-
samkeit der Alleestraße angezogen.

Während der NS-Zeit trug die Alleestraße den Unglücksnamen Adolf-Hitler-Straße.

Das Missionshaus lag an der Rudolfstraße in der Nähe des Bahnhofs Loh der Rheinischen Strecke.

Für die Ansichtskartenserie „Altbergische Häuser", hier eins an der Alleestraße, ist der Verlag von Wilhelm Fülle bis zum heutigen Tag bekannt geblieben.

Dieses stattliche Haus auf der Unterdörner Straße gehörte dem bekannten Kaufmann Adolf Bredt.

Nicht nur von der Hardt hatte man einen schönen Blick ins Tal, sondern auch vom Hohenstein, hier auf den Loh und den Alten Markt.

Barmen   Unterdörnerstrasse

Diese schöne Straßenszene stammt aus der Unterdörner Straße.

BARMEN am Hohenstein

Nomen est omen: Woher die Straßenbezeichnung Hohenstein kommt, wird man wohl schnell erahnen.

Das Stammhaus des Bildkartenverlages Co. Fülle lag am Neuen Weg, der zwischen Adlerbrücke und Rathausbrücke die Verlängerung der Alleestraße in Richtung Osten bildete.

Die Ansichtskarte aus dem Jahre 1905 zeigt die Schwebebahnhaltestelle Adlerbrücke.

Wer die Schwebebahn an der Haltestelle Rathausbrücke verließ, dem eröffnete sich dieser Blick auf den lebendigen Alten Markt.

Die Clefer Straße bildete die Verlängerung des Neuen Wegs. Noch 1902 verschickte man diese Ansichtskarte ohne das Eisengerüst der Schwebebahn.

S. & R. Wahl war ein Fachgeschäft für Konfektions- und Modewaren an der Wupperstraße.

Diese Grußkarte zeigt ebenfalls die Wupperstraße (heute Rolingswerth), die jenseits der Wupper an der Talstation der Bergbahn mündete.

Max Biegel sen. war ein Meister schöner Straßenszenen, wie diese Ansichtskarte von der Werther Brücke zeigt.

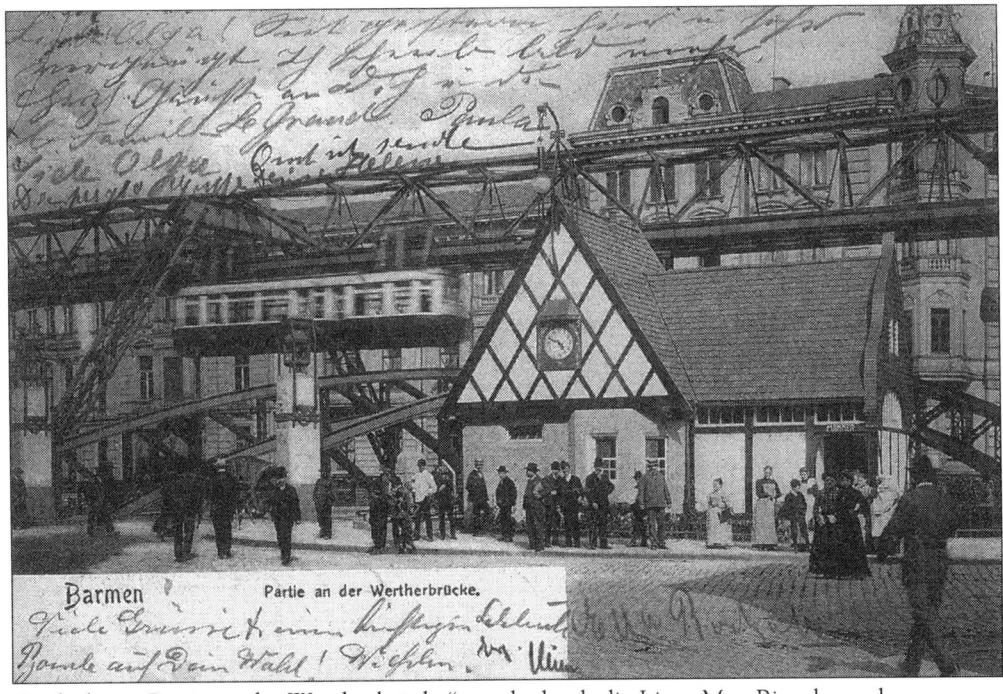

Auch diese „Partie an der Wertherbrücke" wurde durch die Linse Max Biegels gesehen.

Die Metzgerei von Hermann Engemann befand sich in der Rödiger Straße 88.

Wie die Elberfelder Nordstadt war der Barmer Rott das Wohngebiet der Arbeiter und Angestellten, von dem nicht viele Ansichtskarten hergestellt und verschickt wurden.

Eine weitere Ansichtskarte von Wilhelm Fülle: ein Altbergisches Haus am Mühlenweg.

Diese Häuser standen mitten in der Barmer Innenstadt, nämlich auf dem Carlsplatz, wo sie der Ruhmeshalle weichen mußten. Foto: Wilhelm Fülle.

Fotografien vom Entstehen des neuen Barmens der Jahrhundertwende sind selten. Dieses Foto wurde von den Gebrüdern Kremer an der Heckinghauser Straße aufgenommen. Welche Straße (Heckinghauser Straße?) zu sehen ist, ist nicht bekannt.

Die Häuserzeile stand in der Kampstraße (heute Saarbrücker Straße) direkt über den Bahngleisen der Bergisch-Märkischen Eisenbahn.

Die Bredder Straße (heute Bredde) verband den Mühlenweg mit dem Wupperfelder Markt und präsentierte sich vor dem Krieg mit schönen Häusern und Geschäften.

Auch diese belebte Szene zeigt die Bredder Straße.

Einer der schönsten Plätze in Barmen war der Wupperfelder Markt.

Auch diese Ansichtskarte von 1906 zeigt den Wupperfelder Markt, auf dem ein Wochenmarkt abgehalten wurde.

Diese Gruß-Lithographie vom Restaurant Ludewigs wurde am 31. Dezember 1896 abgeschickt und am 1. Januar 1897 zugestellt. Foto: Wilhelm Fülle.

Die Westkotter Straße verbindet bis heute die Barmer Innenstadt mit dem Wichlinghauser Markt.

BARMEN. Im Klingelholl luth. Gemeindehaus

Das Gemeindehaus stand am Klingelholl, der den Rott mit Wichlinghausen verbindet.

BARMEN-WICHLINGHAUSEN Diekerstrasse Pfarrhaus u. Gemeindesaal

Dieses Gemeindehaus stand an der Dieker Straße (heute Am Diek). Der Versender der Ansichtskarte zeichnete akribisch genau ein, wer in welchem Zimmer wohnte. Foto: Emil Aab.

Die Wichlinghauser Straße war durch Industrieanlagen und Wohnhäuser gekennzeichnet. Der Blick führt talwärts in Richtung Berliner Straße und Viadukt der Rheinischen Eisenbahn.

Die Ansichtskarte aus den dreißiger Jahren zeigt die Wichlinghauser Oststraße.

In der Schankwirtschaft von Ewald Kott-sieper an der Heckinghauser Straße/Ecke Querstraße konnte man abends sicher ein kühles Bier genießen.

Auch nach Inbetriebnahme der Schwebebahn war die Elektrische Straßenbahn vom Elber-felder Westende zur Oberbarmer Schwarzbach-Station ein wichtiges Verkehrsmittel im Tal.

Der Absender hat es leicht gemacht, diese Straßenszene zu lokalisieren: Links ist die Färber-
straße eingezeichnet, so daß dies der westliche Teil der Berliner Straße ist.

Links an der Ecke ist die Eisenwarenhandlung von Ewald Langen, der Stadtverordneter war, in
der Berliner Straße 99 zu sehen.

Dieses Foto zeigt das Wohnhaus Albert-
straße 55, in dem die Familie Kamp wohnte.

W.-Oberbarmen Bockmühle

Wuppertaler Urgestein ist der Straßenname Bockmühle. Die Karte aus den dreißiger Jahren
zeigt im Hintergrund die Wupperbrücke, hinter der sich das Rauental befindet.

5

Industrie, Handel
und Handwerk

Der Aufstieg Barmens zu einer wohlhabenden Großstadt ist eng verbunden mit der Erfolgsgeschichte seiner Industrie. Zwei weltweit bekannte Unternehmen, nämlich Bayer und Vorwerk, nahmen hier ihren Anfang. Aber auch kleinere Betriebe wie Bemberg sowie die Brauereien Bremme und Wicküler-Küpper spiegeln den Glanz der Spätindustrialisierung und der Gründerzeit wider. Hinter den großen Namen müssen sich die zahllosen kleinen und mittleren Unternehmen des Handels und Handwerks nicht verstecken – und vor allem nicht ihre Arbeiter und Angestellten, die zum Erfolg ihrer Unternehmen und der Stadtgeschichte beitrugen.

Vor der Industrialisierung prägten kleine handwerkliche Betriebe, wie hier die Bleicherei von W. Weddigen Söhne an der Wupper im Rauental, das wirtschaftliche Rückgrat Barmens. Das Foto entstand um 1870.

Diese Ansicht zeigt eine Färberei im Rauental an der Wupper. Die Aufnahme stammt ebenfalls aus der Zeit um 1870 und gehört somit zu den frühen Bildzeugnissen der Stadtgeschichte Barmens.

Unmittelbar rechts an die obige Fotografie schließt sich diese Aufnahme von der Rauentaler Färberei an. Rechts im Bild ist der Schlagbaum der alten Zollstation zu sehen.

Wilhelm Fülle trug mit seinen Ansichtskarten dazu bei, daß das alte Bleicherhandwerk im Gedächtnis präsent blieb.

Etwas außerhalb der Stadt fanden die Bleicher noch genügend Platz an der Wupper, um ihrem Handwerk nachzugehen. Das Leinen wurde auf Wiesen ausgebreitet, der Sonne ausgesetzt und mit Wasser feucht gehalten. Foto: Wilhelm Fülle.

Bereits im 18. Jahrhundert siedelte sich die Firma Bemberg an der Öhde an, die als Türkischrot-Färberei einen weltweiten Namen erlangte. Foto: Wilhelm Fülle.

Ein späterer wichtiger Erwerbszweig der Bemberg AG war die Herstellung von Kunstseide.

Am 20. Juni 1936 brach die Belegschaft von Bemberg zu einem Betriebsausflug auf. Später wurden die Nazi-Flaggen ausgepackt, denn die Firma war auf die Ideologie der NSDAP eingeschworen worden und schloß sich der berüchtigten IG Farben an.

Auf dem Gruppenfoto der Belegschaft von Bemberg aus dem Sommer 1936 sind wohlgelaunte Menschen zu sehen. Wenige Jahre später wurden einige der Männer zum Militärdienst eingezogen.

Ein weiterer wichtiger Arbeitgeber war die Rheinisch-Westfälische Lebensversicherung (RWL). Das Foto zeigt die Hauptstelle an der Carnaper Straße, das anläßlich der Geschäftsführertagung 1938 aufgenommen wurde.

Nur wenige Monate vor Ausbruch des Krieges entstand diese Aufnahme der Belegschaft der RWL von der Maifeier des Jahres 1939.

Arbeiter der Firma Bayer & Comp. im Betrieb Rittershausen, um 1870.

Der beliebte Farbton Lila wurde synthetisch aus Fuchsin hergestellt. Das Bild zeigt Arbeiter der Barmer Bayer-Werke um 1870. Kurz darauf wurde die Produktion wegen großer Nachfrage in das neue Elberfelder Werk ausgelagert.

Für die Arbeiter war der Fototermin eine willkommene Gelegenheit, um sich von der anstrengenden Montage eines Dampfkessels zu erholen.

Der Werkschutz war schon immer ein wichtiges Thema für die Bayer-Werke. Das Bild zeigt die Feuerwehr im Werk Rittershausen um 1870.

Heimwerker holen Garn an der Materialausgabe der Firma Vorwerk & Sohn ab. Zu Hause wurde das Garn zu Bändern gewoben und zurück in die Fabrik gebracht.

Die Firma Vorwerk & Sohn stellt bis zum heutigen Tag Textil- und Gummiprodukte her. Das Foto zeigt den LKW-Fuhrpark.

Dieser Unfall des Lastwagens der Brauerei Bremme läßt mutmaßen, daß der Fahrer wohl etwas zu viel Freibier getrunken haben mag.

Mit dieser schönen Reklame inserierte 1928 die Brauerei Wicküler/Küpper in dem Buch „Deutschlands-Städtebau: Barmen" des Dari-Verlages in Berlin.

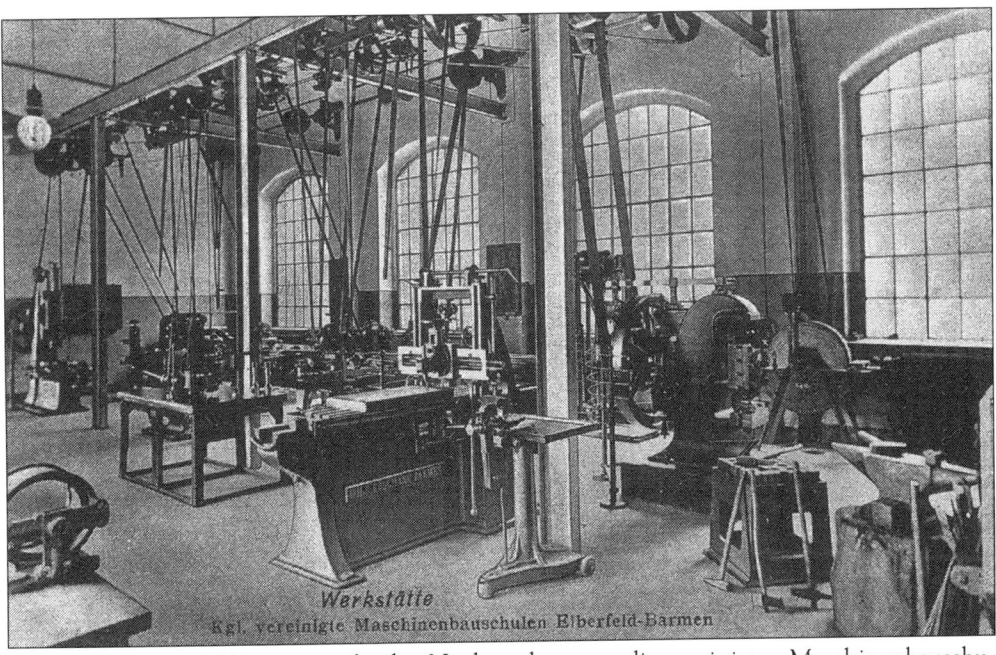

1937 feierte die Firma Dr. Schmitz & Apelt in Langerfeld ihr 25jähriges Jubiläum, zu dem sich die Belegschaft versammelt hatte.

Eine wichtige Ausbildungsstätte für den Nachwuchs waren die vereinigten Maschinenbauschulen an der Hardt an der Stadtgrenze zu Elberfeld.

Mit gesundem Selbstbewußtsein inserierte 1928 die Arti AG in dem Buch „Deutschlands Städtebau: Barmen" des Dari-Verlages Berlin.

Das Foto zeigt die Blumenhalle Flunkert an der Heckinghauser Straße um 1905 im stolzen Neubau der Gründerzeit.

Die Blumenhalle Flunkert ist ein Traditionsunternehmen, das heute noch in der Heckinghauser Straße existiert.

Stolz steht der Friseur Hugo Milhausen vor seinem Salon an der Bredder Straße.

Die Bäckerei von Hermann Saurenbach befand sich an der Heckinghauser Straße. Das schöne Foto zeigt den Bäcker mit Familie und Gesellen.

So etwas gibt es heute nur noch selten: 40jähriges Dienstjubiläum. Der Expedient Johannes Kamp feierte es am 1. April 1944 bei der Firma Eduard Molineus & Söhne.

Das Jubiläum von Johannes Kamp war sicher eine willkommene Abwechslung im Alltagstrott. Den Angestellten von Ed. Molineus & Söhne ist aber dennoch der Schrecken des Krieges ins Gesicht gezeichnet.

Gruppenaufnahme und Kaffeepause: Es versammelte sich die Belegschaft der Drogerie Jansen, in der auch Adelheid Kamp arbeitete.

Ein fröhlicher Apotheker war Hasso Kosmowski, dem sein Vater 1952 die Wichlinghauser Apotheke (vormals Hirsch-Apotheke) übergab.

Was für ein Zaubermittel hier wohl gerade bereitet wird? – Vor dem Krieg produzierten die Apotheken noch viele Arzneien selbst.

Die Wichlinghauser Apotheke, Inhaber Alfons Kosmowski, lag an der Weststraße/Ecke Westkotter Straße am Wichlinghauser Markt.

Für die Bewohner des Hauses Westkotter Straße mit dem Friseursalon von Paul Rau im Erdgeschoß war der Augenblick der Aufnahme ein wichtiges Ereignis: Neugierig präsentieren sie sich in Tür und Fenster.

Schweinemetzger Ernst Sieper mit Frau und Tochter vor dem Geschäft an der Schwelmer Straße.

Was mag wohl in diesem Haus an der Kothener Schulstraße gewesen sein? – Die Consumgenossenschaft „Vorwärts"!

Conditorei und Café von Fritz Tillmann am Neuen Weg in sonntäglicher Ruhe. Foto: Max Biegel.

Auch die Post soll nicht fehlen. Relativ spät, nämlich um 1930, war man vom Kutschbock auf Motorfahrzeuge umgestiegen.

Das Foto zeigt das Friseurgeschäft von Emil Engemann an der Bismarckstraße (heute Hünefeldstraße) in Unterbarmen.

Das Kaffeegeschäft von Emil Tengelmann am Alten Markt vor dem Krieg.

Die schöne Auslage von Emil Tengelmann lud dazu ein, außer Kaffee vielleicht auch noch Wein oder ein Schnäpschen zu kaufen.

Als „Vorher – Nachher" hielt die Schreinerei Delorette, Spezialwerkstatt für Laden- und Schaufenstereinrichtungen, das Tengelmann-Geschäft im Bild fest. Das Foto zeigt den Laden nach dem Krieg.

Nur ein Provisorium war der Tengelmann-Laden nach dem Zweiten Weltkrieg – ebenso wie der Schwebebahnhof Alter Markt, der im Hintergrund zu sehen ist.

6

Freizeit und Familie

Was machten die Barmer in ihrer Freizeit? – Dieser Frage spürt dieses Kapitel nach und zeigt die schönsten Gaststätten und Ausflugsziele. Eine besondere Stellung nehmen die Vereine ein, in denen sich das gesellige Leben zu einem großen Teil abspielte. Auch der Familie soll Aufmerksamkeit geschenkt werden, vor allem wie sie sich auf Portraits im Bild festhalten ließ.

Das Varieté war ein beliebter Ort, um abends zu entspannen. Die Abbildung zeigt eine Werbe-Litho der Gebrüder Knevels, deren Theater auf dem Heubruch lag.

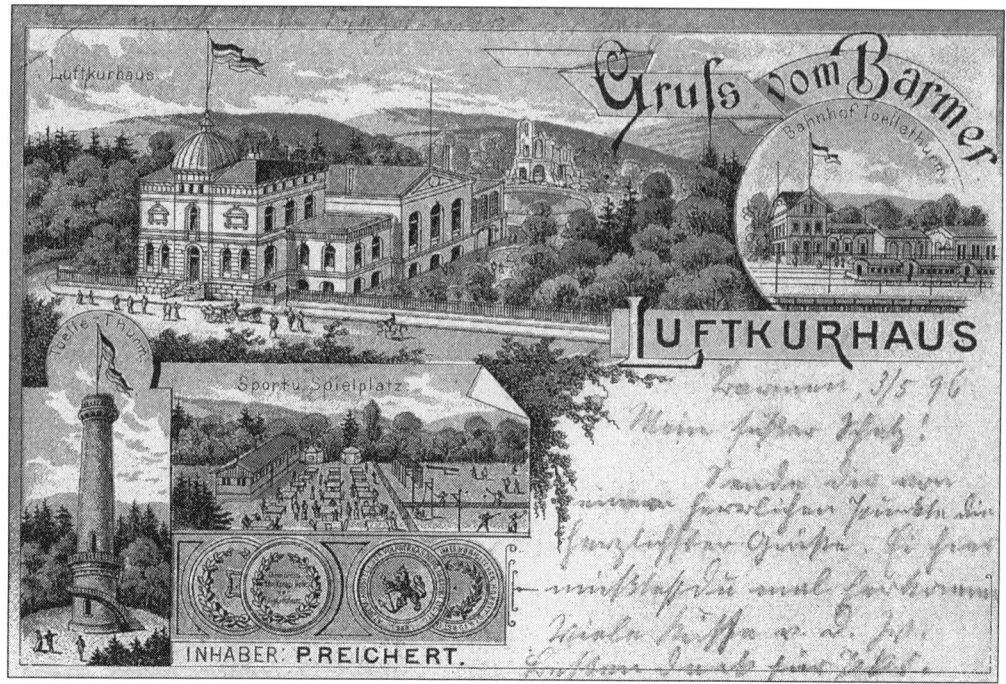

Spätestens seit Eröffnung der Bergbahn war der Toelleturm das beliebteste Ausflugsziel Barmens. Wer hier – wie P. Reichert – eine Restauration betrieb, mußte sich um den Umsatz nicht sorgen.

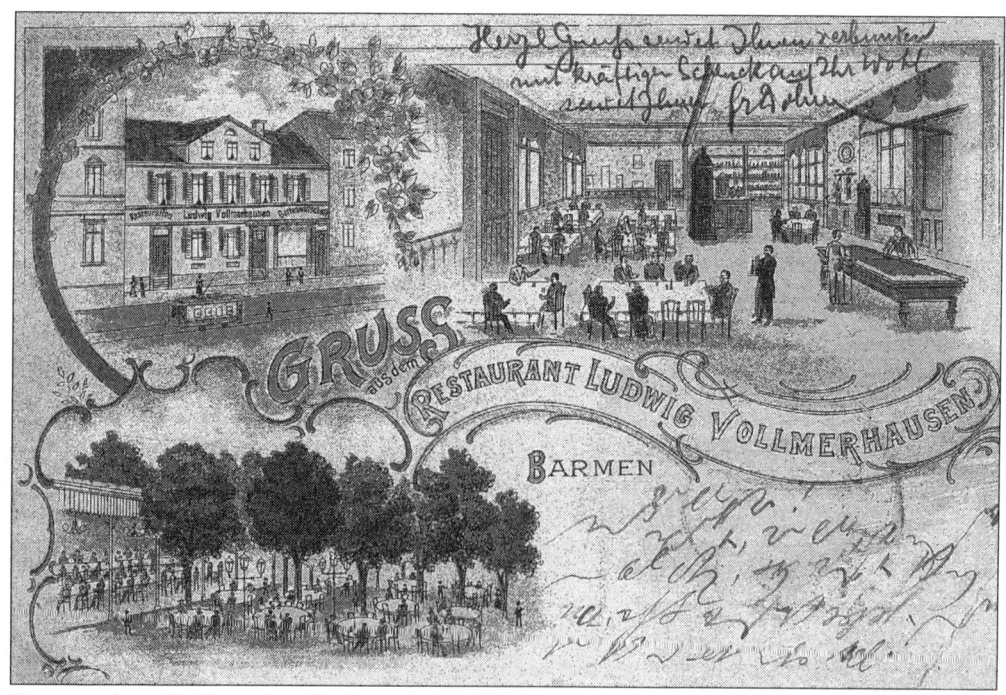

Eine wundervolle Form der Werbung waren die farbigen Gruß-Lithos. Diese zeigt das Restaurant von Ludwig Vollmershausen an der Rödiger Straße.

Das Hotel und Restaurant „Schützenhaus" lag am Alten Markt. Diese Ansichtkarte wurde am 16. März 1899 nach England versandt, wo sie einen Tag später eintraf!

Ebenfalls am Alten Markt lag das Hotel „Reichshof", das mit seiner Grußkarte auf seine Wandgemälde aufmerksam machte.

Gruss aus Barmen.
Hôtel-Restaurant Reichshof. Bes.: Otto Jesinghaus.

Diese fotografische Ansichtskarte vom Hotel „Reichshof" zeigt, daß auf Gruß-Lithos, wie auf der vorherigen Seite, manchmal die künstlerische Phantasie gewaltet hat. Dennoch: Der Reisende wohnte hier sicher trotzdem gut.

Mit Käse, Bier, Zigarre, Außenfassade und Innenansicht präsentierte sich das „Deutsche Eck" auf dieser Ansichtskarte des Verlags Wilhelm Fülle.

Eine gute Adresse war auch das Café „Victoria" im Fischertal, das Hermann Sausner gehörte.

Ein gutes Zeichen: Direkt neben dem Restaurant von Hermann Herhaus am Loh gab es eine Obst- und Gemüsehandlung mit in- und ausländischen Erzeugnissen.

Die „Villa Murmelbach" im Barmer Wald war ein beliebtes Ausflugsziel. Nach einer Kanufahrt konnte man sich in der Gaststätte mit Kaffee und bergischen Waffeln stärken.

Bis heute wird das Murmelbachtal an sonnigen Sonntagen von Ausflüglern gerne besucht.

Der Barmer Verkehrsverein empfahl Wanderungen von der Herbringhauser Talsperre nach Barmen, die mit einer Zugfahrt nach Lüttringhausen begannen und dann durch schöne Wälder talwärts gingen.

Barmer Talsperre.   Veranda.

Das Restaurant an der Barmer (oder Herbringhauser) Talsperre gehörte Heinrich Geissler und war wie Becken und Staumauer um 1900 erbaut worden.

Die Barmer Stadthalle war ein architektonisches Kleinod, das 1897 vom Architekten Erdmann Hartig erbaut und 1943 von Bomben zerstört wurde. Sie gehörte nicht der Stadt, sondern dem Barmer Verschönerungsverein, war aber dennoch ein Zentrum des geselligen Lebens der Stadt.

Zum 25jährigen Jubiläum 1904 wählte sich der „Christliche Sänger-Bund deutscher Zunge" die Barmer Stadthalle als Veranstaltungsort.

Der Toelleturm war reich an Attraktionen: Neben Bergbahn, Aussichtsturm und Planetarium gab es auch ein Luftkurhaus, das um 1900 Gerhard Reck gehörte.

Im Jahre 1926 fotografierte Max Biegel das neue Luftkurhaus, das im Zweiten Weltkrieg zerstört wurde.

Das Ringeltal in den Barmer Anlagen ist nach einem der bedeutendsten Förderer des Verschönerungsvereins benannt: Ludwig Ringel.

Weniger bekannt als die weitläufigen Barmer Anlagen im Süden der Stadt ist der Nordpark in Wichlinghausen, der auch vom Verschönerungsverein angelegt wurde.

In ihrer Freizeit trafen sich die Wuppertaler Unternehmer. Auf dem Foto sind der Barmer Brauer Emil Bremme und die Kraftfahrzeughändler Vonzumhoff und Moritz Magner, ganz links im Bild, mit ihren Frauen zu sehen.

Der Barmer Jungfrauenverein veranstaltete gerne Scharaden, an denen auch Adelheid Kamp teilnahm.

Diese Ansichtskarte zeigt eine Aufnahme vom Spielfest des CVJM Barmen am 21. Juli 1912.

Im Barmer Mandolinen- und Gitarrenverein spielte Johannes Kamp, zweiter von rechts in der ersten Reihe, die imposante Doppelgitarre.

Auf Turnvater Jahns Spuren wandelte der Hesselnberger Turnverein Pniel in seiner Unterbarmer Waldhalle.

Geturnt wurde auch in Wupperfeld: Die Ansichtskarte zeigt den Männer- und Jünglingsverein.

Sport war eine Leidenschaft von Moritz Magner, auf dem Motorrad rechts, gleich ob es sich um Bob, Ringen oder Rennsport handelte.

Auch der Barmer Bierbrauer Emil Bremme war ganz von einer Passion für schnelle Wagen besessen.

Ein weiterer Rennwagen aus Emil Bremmes Sammlung.

Abseits von Formel 1 und Fernsehen war damals der Rennsport noch ein echter Sport mit Freizeitcharakter, dem Emil Bremme gerne in der näheren Umgebung Barmens am Wochenende nachging.

Angestellte der Rheinisch-Westfälischen Lebensversicherung beim Waldlauf im Winter 1940.

Diese Ansichtskarte zeigt einen weiteren Barmer Sportverein.

Diese herrliche Aufnahme zeigt die Zuschauer des Meisterschaftsspiels Barmen gegen Elberfeld vom 28. Januar 1928 in Regenmänteln. Das Turnier gewann Barmen mit 2:0.

Und dies sind die Helden des Meisterschaftsspiels von Schwarz-Weiß Barmen. In der Bildmitte befindet sich Johannes Kamp, der also nicht nur musikalisch, sondern auch sportlich war.

Die Kunst des Familienportraits ist ganz aus der Mode gekommen. Ein Meister dieses Fachs war der Fotograf Raphael Schlegel, der eine Niederlassung in Elberfeld und eine in Barmen besaß.

Dieses private Familienfoto zeigt die weibliche Verwandtschaft der Familie Kamp.

Ein Klassiker des Familienfotos war und ist der erste Schultag. Dieses Foto zeigt die Einschulung von Johannes Kamp im Jahre 1899.

Ostern 1940 wurde die Tochter Edith von Johannes Kamp eingeschult.

Der sommerliche Ausflug einer Mädchenschule. In Bildmitte befindet sich die Mutter der Bild-
geberin Edith Alter.

Dieses Foto bedarf keines Kommentars: Kinderweihnacht 1941 unter dem Hakenkreuz in den
Räumlichkeiten der Rheinisch-Westfälischen Lebensversicherung.

7

Zerstörung
und Wiederaufbau

Der Zweite Weltkrieg hinterließ in Barmen tiefe Spuren. Vier Wochen vor den großen Bombenangriffen auf Elberfeld wurden im Mai 1943 weite Teile Barmens, vor allem die Talachse als Verkehrsader, durch die Bomben der Alliierten zerstört. Wer diese Zeit im Tal erlebt hat, dem werden sich die Nächte im Luftschutzkeller ins Gedächtnis eingebrannt haben. Aber auf die großen Zerstörungen folgten Kapitulation, Frieden und Wiederaufbau. In den Nachkriegsjahren erhielt Barmen sein heutiges Aussehen, das durch das Nebeneinander von Altem und Neuem bestimmt ist.

Nach den Bombenangriffen zogen die Menschen durch die Straßen, um in den Trümmern nach Verschütteten zu suchen. Das Foto zeigt die Straße Unterdörnen.

Die ersten Luftangriffe auf Barmen hatte es bereits 1941 gegeben. Diese Aufnahme zeigt die Spuren einer Splitterbombe in der Schützenstraße.

Mehr Schaulust als Entsetzen trieb die Menschen 1941 in die Schützenstraße, um die Bombenschäden an den Häusern zu besehen.

In diesen Trümmern in der Unterdörner Straße wohnte einmal die Familie Klüsener.

Ewald Klüsener, der zur Luftwaffe eingezogen worden war, bekam Sonderurlaub, weil sein Haus zerstört worden war. Das Foto zeigt ihn in Uniform auf den Trümmern.

Und das sind die Reste der Wohnung der Familie Klüsener in der Unterdörner Straße 93.

Zwei Frauen bahnen sich einen Weg durch die Trümmer des zerstörten Barmen.

Trotz Luftalarm wurden Straßenbahn und Auto von einem Bombenangriff überrascht. Die Ambulanz im Hintergrund versorgt die Opfer.

Der Bahnhof Wuppertal-Oberbarmen nach den Luftangriffen.

Ein wichtiger Chronist der Bombenangriffe auf Barmen war der Bierbrauer Emil Bremme, der die Zerstörungen im Bild festhielt. Das Foto zeigt die Gewerbeschulstraße an der Ecke Heidter Berg.

Die zerstörten Werkstätten der Bremme-Brauerei. Foto: Emil Bremme.

Diese Aufnahme zeigt sieben verbrannte Lastwagen der Bremme-Brauerei. Foto: Emil Bremme.

Das Bugatti Cabriolet und die große Opel-Limousine waren der große Stolz von Emil Bremme, wurden aber ebenfalls nicht von den Bomben verschont.

„Even lebt. Alle sind Dönberg Kinderheim. Ulla" – Mit solchen Nachrichten wurden Freunde und Verwandte an den Fassaden zerstörter Häuser informiert.

Ein Blick auf die Bremme-Brauerei und die Gewerbeschulstraße. Foto: Emil Bremme.

Auch der Barmer Hauptbahnhof wurde von den Bombenangriffen nicht verschont, wie diese Amateuraufnahme zeigt.

Unweit des Barmer Bahnhofs lag das Barmer Stadttheater, das vom Bombenhagel schwer beschädigt wurde.

Der Fotograf betitelte das Foto mit „Böcklins Toteninsel": ein Beerdigungsinstitut auf der Unterdörner Straße zwischen Trümmern im Jahre 1949. Foto: August Wagener.

Baustellen und Umleitungen prägten das Bild Barmens in der Nachkriegszeit.

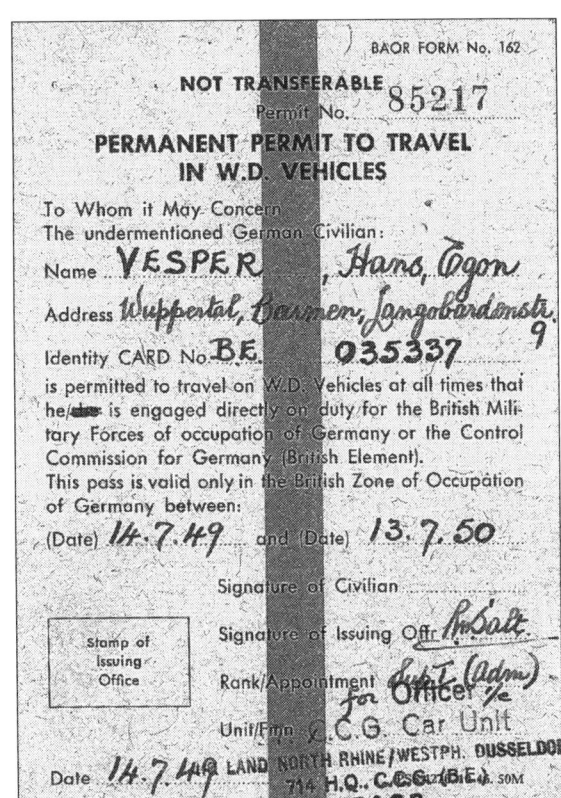

Dieser Ausweis berechtigte Hans Egon Vesper aus der Langobardenstraße 9, Dienstfahrzeuge des Britischen Militärs zu fahren, zu dessen Besatzungszone Wuppertal gehörte.

Hans Egon Vesper war Fahrer für das Britische Militär. Das Foto zeigt ihn vor einem Opel-Kapitän.

Ein Schnappschuß von der Demontage einer Litfaßsäule.

Wiedergewonnene Normalität im Nachkriegsdeutschland: Edith Kamp beim Abschlußball der Tanzschule Wegener in den Räumen der „Union".

Zu den Kuriositäten Barmens gehörten die Langerfelder Espenlaub-Werke, die nach dem Krieg vor allem Segelflugzeuge bauten und sogar einen kleinen Flugplatz besaßen. Das Foto zeigt den Betrieb zu Anfang der fünfziger Jahre. Foto: Max Biegel jun.

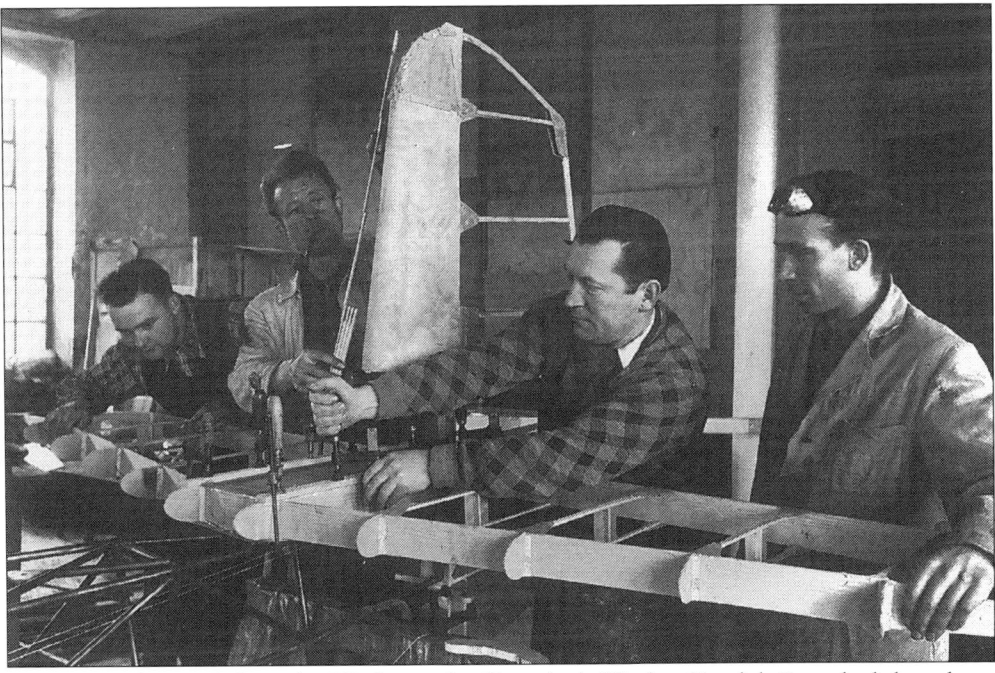

Noch einmal ein Blick in die Werkstatt der Espenlaub-Werke. Gottlob Espenlaub bewohnte übrigens eines der wenigen Barmer Häuser im Bauhausstil, das von dem Architekten Hans Heinz Lüttgen entworfen wurde und an der Rudolf-Ziersch-Straße liegt. Foto: Max Biegel jun.

Ebenfalls in Langerfeld in der Schwelmer Straße lagen die Tornax-Werke, die Motorräder produzierten. Foto: Max Biegel jun.

Die Wuppertaler Polizei ließ sich von Herrn Wever die Motorräder der Tornax-Werke vorführen. Ob sie schließlich auch Kräder aus Wuppertaler Produktion anschaffte, ist nicht bekannt. Foto: Max Biegel jun.

Nach dem Krieg hatte die Schreinerei Delorette volle Auftragsbücher. Das Foto zeigt eine Barmer Parfümerie.

Volle Auslagen der Süßwarenhandlung zeigen, daß das Wirtschaftswunder Fuß gefaßt hatte und alles wieder zu haben war.

Ein bergisches Fachwerkhaus in der Friedrich-Engels-Allee, das den Krieg überdauert hat, fotografiert im Jahre 1951. Foto: August Wagener.

Der Alte Markt nach dem Wiederaufbau in den fünfziger Jahren. Foto: August Wagener.

Mit seinen künstlerischen Fotografien wurde August Wagener, der beim „General-Anzeiger"
arbeitete, zu einem wichtigen Chronisten des Wuppertals der Nachkriegszeit.

Der Fotograf August Wagener mit Cabrio und Kamera.

Die Heimat entdecken!

Von Kiel bis Wien,
von Aachen bis Görlitz:
Entdecken Sie Alltagsgeschichten
aus Ihrer Heimatstadt!

Leben in der Großstadt …

Tauchen Sie ein in das quirlige Großstadtleben vergangener Tage. Spazieren Sie über breite Boulevards und stürzen Sie sich ins Nachtleben. Erkunden Sie ihre Stadt durch die Fensterscheiben einer Straßenbahn oder des ersten Käfers und bewundern Sie prächtig geschmückte Schaufenster.

... und ländliche Idylle

Wie sah das Leben in Ihrer Heimat aus, als die Bauern noch mit Pferden pflügten und jedes Dorf seinen eigenen Schmied hatte, jeder noch jeden kannte und das Leben sich zwischen Kirche, Wirtshaus und Wohnküche abspielte?

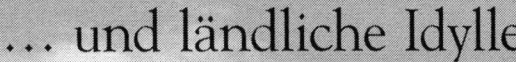

www.suttonverlag.de

Erinnerungen an die Schulzeit …

Erinnern Sie sich noch an die Zeiten von Abakus und Schiefertafel, an Klassenausflüge oder den ersten Taschenrechner? Blicken Sie zurück auf große Klassen und gestrenge Schulmeister, entdecken Sie auf Klassenfotos Freunde und Bekannte von früher!

… und das Arbeitsleben

Entdecken Sie, wie sich das Arbeitsleben in den letzten hundert Jahren verändert hat. Werfen Sie einen Blick in Fabrikhallen, blicken Sie Handwerksmeistern bei ihrer Arbeit über die Schulter und erinnern Sie sich an den Einkauf im Tante-Emma-Laden.

Gesellige Stunden im Verein ...

Fußballclub und Schützenverein, Musikkapelle und Gesellenverein: Schauen Sie zurück auf Volksfeste und Turniere, Chorproben oder Prunksitzungen. Erinnern Sie sich an schöne Stunden und das gesellschaftliche Leben in Ihrer Heimat.

… und im Familienkreis

Werfen Sie einen Blick in die Wohnzimmer vergangener Tage und entdecken Sie, wie sich zwischen schweren Eichenmöbeln, Nierentischen und Ikea-Regalen der Alltag verändert hat. Erleben Sie Familienfeiern und Weihnachtsfeste im Wandel der Jahrzehnte mit.

Alltagsgeschichte in historischen Fotos zu über 1000 Regionen, Städten und Gemeinden

Bestellen Sie jetzt
Ihr persönliches Exemplar auf

www.suttonverlag.de

Zeitfracht Medien GmbH
Ferdinand-Jühlke-Straße 7
99095 Erfurt, Deutschland
produktsicherheit@kolibri360.de

Druck:
CPI Druckdienstleistungen GmbH
im Auftrag der
Zeitfracht Medien GmbH
Ein Unternehmen der Zeitfracht - Gruppe
Ferdinand-Jühlke-Str. 7
99095 Erfurt